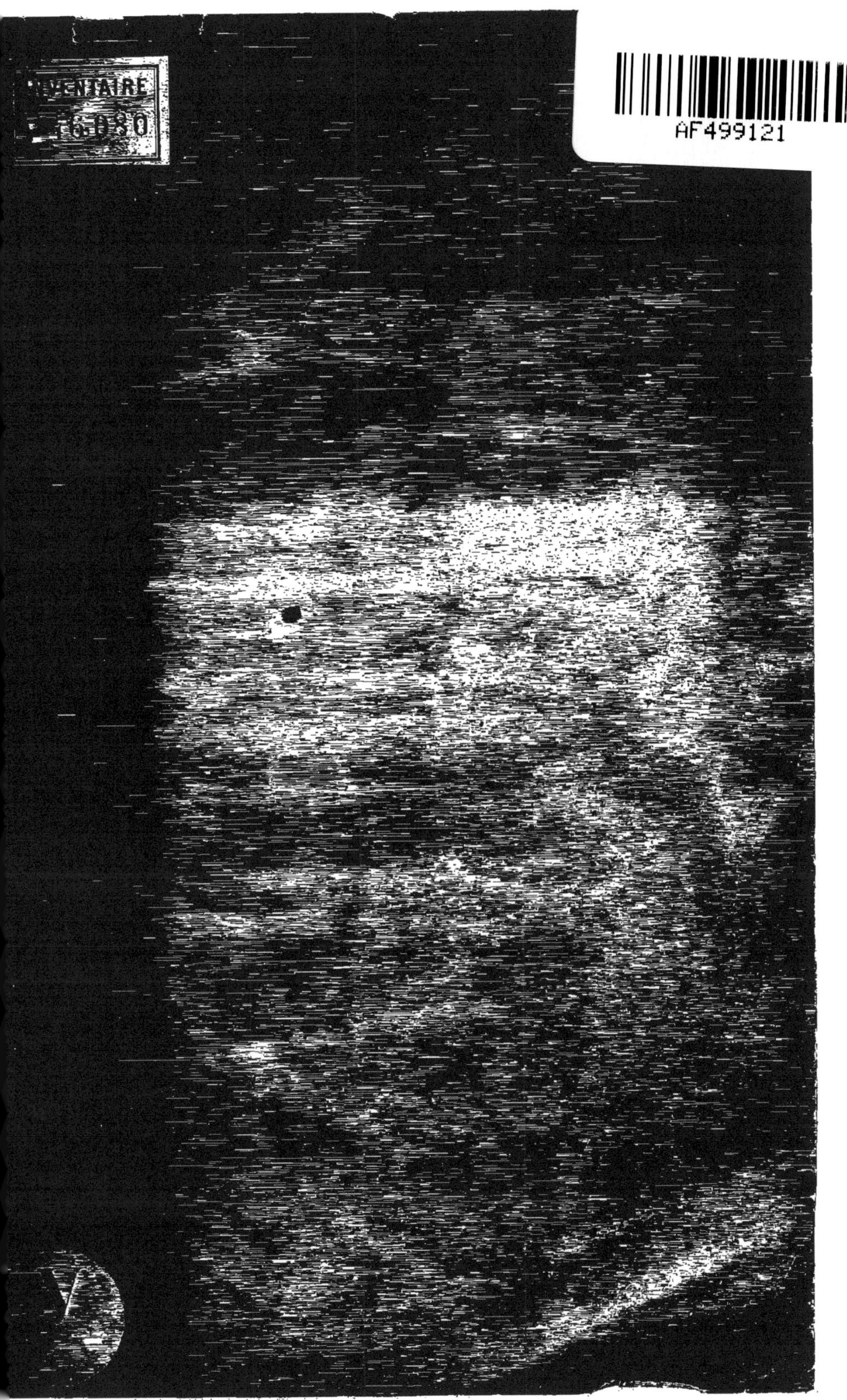

EXPOSITION UNIVERSELLE

DE

1855.

RAPPORT

DE

M. LE Cte MARTHA-BEKER,

APPROUVÉ PAR LE COMITÉ DU PUY-DE-DOME.

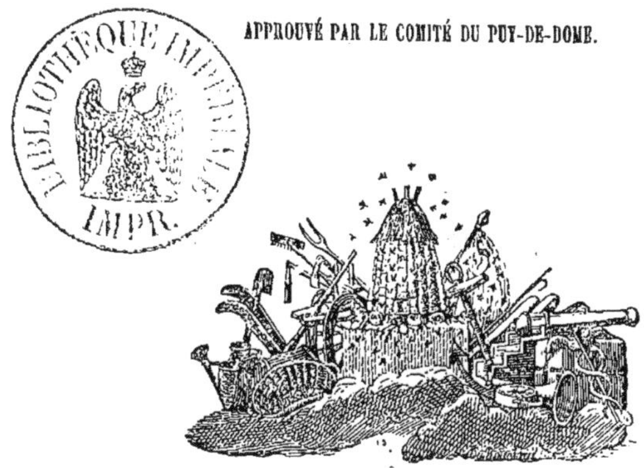

CLERMONT-FERRAND,

TYPOGRAPHIE DE THIBAUD-LANDRIOT FRÈRES, LIBRAIRES,

Imprimeurs de la Préfecture, rue St-Genès, 10.

1855.

EXPOSITION UNIVERSELLE DE 1855.

RAPPORT

DE M. LE Cte MARTHA-BEKER,

APPROUVÉ PAR LE COMITÉ DU PUY-DE-DOME.

Membres du Comité formé par M. le Cte DE PREISSAC, Préfet,

En vertu du décret du 6 avril 1854 :

MM. DE TARRIEUX, président de la Société d'agriculture, *Président ;*

BAUDIN, ingénieur en chef des mines;

HERBET, directeur de la manufacture de Bourdon;

LECOQ, président de la Chambre de commerce de Clermont, professeur à la Faculté des sciences;

NARJOT DE TOUCY, membre du conseil général;

COLLOMB, directeur des mines de plomb argentifère de Pontgibaud;

DE MONTLUC, directeur de la fabrique de produits chimiques de Barège;

ANDRIEU-DUFOUR, président du tribunal de commerce de Thiers;

ANDRIEU-HERMOSE, juge au tribunal de première instance de Thiers;

CHABRIER-CHABRIER fils, négociant, membre de la chambre consultative des arts et manufactures d'Ambert;

MARTHA-BEKER, membre du conseil général, vice-président de l'académie des sciences, arts et belles-lettres de Clermont, *Secrétaire-Rapporteur.*

MESSIEURS,

L'Empereur, en décrétant une exposition universelle à Paris, à l'instar de celle de Londres, en organisant des jurys d'admission dans les départements, a été mû par la pensée féconde d'appeler les regards du monde entier sur les ressources de la France, de manifester notre supériorité, qui tend à se produire dans le champ de l'industrie comme sur le champ de bataille ; supériorité, qu'un esprit de réserve et de timidité, enraciné au fond de nos provinces, a empêché jusqu'à ce jour de mettre en évidence.

Le Puy-de-Dôme est un des départements que cet appel national concernait plus spécialement, et cependant, malgré les avis réitérés et les encouragements de M. le Préfet, un grand nombre de nos fabricants sont encore demeurés à l'écart, redoutant à tort une lutte où tout leur promettait le succès. Peu connu, il y a peu d'années, quoique doté d'une fertilité merveilleuse, quoique pourvu de toutes les ressources que la nature et le génie de ses habitants lui assurent, notre pays semble encore ignorer le rôle considérable qu'il joue dans la production, le rang élevé qu'il occupe en France, la prééminence que l'avenir lui réserve. Les routes qui aboutissent aux portes de Clermont sont encombrées de transports, comme aux avenues des grandes capitales. Dans quelques mois, le chemin de fer de Paris va être inauguré; dans quelques années Clermont, relié avec Marseille, Montpellier, Toulouse, Bordeaux et Lyon, deviendra le centre et l'entrepôt des principales artères de l'empire. Ces faits démontrent l'importance de la situation du Puy-de-Dôme; quelques aperçus statistiques mettront à même d'apprécier aussi l'importance de son industrie, qui est en voie de progrès constant. Déjà des usines puissantes s'élèvent sur son sol, telles que la manufacture colossale de sucre et d'alcool de Bourdon, les fabriques de caoutchouc et de machines de MM. Barbier et Daubrée; la sucrerie de Sarliève, la papetérie de Blanzat, les mines de plomb argentifère et fonderies de Pontgibaud, etc. Mais en général, ainsi que l'a très-bien dit récemment le savant président et rapporteur de la Chambre de Commerce de Clermont, l'*Industrie y est divisée comme la propriété.* Situation heureuse, puisqu'elle amène l'union des travaux agricoles et des travaux industriels. Cette association est une garantie de bien-être et de moralité, et prémunit les populations contre ces crises redoutables, qui, à intervalles périodiques, inquiètent et ébranlent les pays où la culture de la terre ne seconde pas la marche des usines.

Les diverses régions du Puy-de-Dôme ont chacune leur spécialité. L'arrondissement d'Ambert est un vaste atelier où s'élaborent les toiles, le papier, les étamines à pavillons, les dentelles, les liens, les rubans, les lacets et beaucoup d'autres articles. Thiers livre aux deux mondes les produits de sa coutellerie à des prix dont la modicité étonne, et fabrique le papier à timbre qui se consomme en France. Les arrondissements de Riom et d'Issoire, riches en vins et en céréales, exploitent la houille, sur une grande échelle, l'un à Brassac, l'autre à St-Eloi, et le plomb argentifère à Pontgibaud. Enfin la circonscription de Clermont, foyer agricole comme les circonscriptions d'Issoire et de Riom, se distingue par la production des sucres, des pâtes alimentaires, des fruits confits, du caoutchouc, des machines, et par cette variété d'articles dont la confection est l'apanage des grandes villes.

ARRONDISSEMENT D'AMBERT.

Ce pays, si digne d'intérêt et cependant si longtemps ignoré, à cause de sa position reculée au fond des montagnes, et de l'insuffisance de ses voies de communication, mérite d'être signalé à l'attention publique.

Les industries les plus anciennes y sont celle des toiles et celle du papier.

TOILES.

Dans le canton d'Olliergues et dans une partie de la région septentrionale, la plupart des habitations ont leur métier de toile, quelquefois deux à trois. On y compte plus de douze cents métiers, qui créent une valeur de plus de 1,200,000 francs. Le principal entrepôt des toiles est Olliergues, qui figure dans cette évaluation pour un chiffre de 5 à 600,000 fr.; il s'y vend à chaque marché 3 à 400 pièces de 36 mètres, qui sont expédiées au Puy et dans le Midi. Les tisserands s'approvisionnent en fil et en étoupe de lin, auprès des marchands spéciaux, et achètent auprès des femmes de la campagne, dans les marchés, le fil de chanvre qu'elles ont filé à la main. Le tissage n'est malheureusement guère favorable à l'hygiène et à l'intelligence. Une atmosphère humide étant nécessaire à la beauté de la toile, le tisserand s'atrophie dans un atelier bas et malsain, le corps courbé sur son métier, les pieds et les mains condamnés à un mouvement constant et uniforme. Aussi doit-on désirer l'introduction des procédés nouveaux, qui substituent les machines à l'homme pour l'exécution de ces mouvements toujours identiques et contraires au développement du corps humain.

PAPIER.

Quant à l'industrie du papier, encore élaboré d'après l'ancien système, elle est en souffrance dans les vallées d'Ambert, depuis l'invention des fabriques mécaniques continues. On a dû renoncer à faire le papier de pliage, et la production des autres articles n'y est entretenue que par des efforts inouïs de surveillance et d'économie, et en ne tenant pas compte des privations. Il est toutefois une spécialité inimitable ailleurs, qui n'est fabriquée que dans la vallée de Valeyre, c'est le *papier Joseph, dit Serpente,* demandé pour la bijouterie, la dorure, les fleurs artificielles, pour les articles de mode. La maison Gourbeyre-Tournillas, ancienne et importante, fondée dès le milieu du dix-septième siècle, expose des échantillons de ce papier. Il est souple, malléable, sans aucun apprêt, excessivement léger, et la mécanique est impuissante à le faire.

L'importance de l'industrie du papier et du carton dans l'arrondissement d'Ambert, est évaluée ainsi qu'il suit :

Papier Joseph, dit Serpente......	250,000 f.
Papiers divers.................	200,000
Papiers à filtre...............	50,000
Cartons.....................	80,000
TOTAL............	580,000

Le papier est élaboré dans 80 cuves ou fabriques, le carton dans une dizaine. Le sort des ouvriers du carton est plus assuré que celui des ouvriers du papier, le premier de ces produits ne pouvant être confectionné par les procédés nouveaux. Le pays a compris qu'il devait suivre le progrès, pour ne pas succomber devant la concurrence. Deux fabriques, montées d'après le système dit à la mécanique continue, viennent de s'élever; l'une fonctionne, l'autre est sur le point d'être mise en activité. Le maintien et le développement de l'industrie du papier dans cette contrée, est d'autant plus digne d'intérêt, qu'elle conserve ces mœurs patriarcales, qui ont disparu des grands centres. Les ouvrières qui trient le chiffon et le papier, qui le mettent en rames, vivent et travaillent sous la surveillance de la femme du fabricant; toutes se connaissent, chacune tient à sa réputation qui est une garantie d'emploi, et les mœurs restent pures. Quant aux ouvriers, ils commencent leurs journées à minuit, les terminent à onze heures du matin, puis travaillent, pendant quelques heures, au soleil, un jardin ou un coin de terre, et se couchent avant la nuit.

LACETS.

MM. Berne, de la Forie, près d'Ambert, ont envoyé des lacets, des liens, des ganses, des cordonnets de toutes nuances, adaptés à toutes les exigences de la mode. Tous leurs produits sont vendus à Paris et retenus d'avance pour plusieurs années, indice certain de bonne qualité. Ces exposants se distinguent de leurs confrères, en fabriquant eux-mêmes leurs métiers, en teignant eux-mêmes leurs cotons.

On peut évaluer à 250,000 fr. la valeur commerciale des

lacets provenant des ateliers de MM. Berne, ainsi que de ceux de MM. Bernard (François) et Desbordeaux.

RUBANS DE FIL ET DE LAINE.

La vogue du lacet, importé de la Loire dans le Livradais, nuit à la vente des rubans de fil et de laine, qui ont perdu la faveur du public, là où le luxe s'est introduit ; mais ils continuent à être demandés dans les campagnes, surtout en Vendée et en Espagne, où on apprécie davantage la solidité de la teinture, la durée du tissu.

Une dizaine de maisons se livrent à cette industrie, et réalisent une valeur de 4 à 500,000 fr.

ÉTAMINES A PAVILLONS.

La fabrication de l'étamine à pavillons, déjà ancienne dans le pays, tend à se développer avec notre marine marchande. M. Gustave Celeyron, raison sociale Vimal-Vimal et fils aîné, et MM. Vimal-Violis jeune et fils ont fait parvenir des échantillons qui méritent de paraître à l'Exposition, où l'on admirera la force et la souplesse de l'étoffe. Ce sera le spécimen d'une industrie départementale qui alimente la marine marchande et la marine militaire, et donne lieu à une vente annuelle de 3 à 400,000 fr. Elle a pour concurrents Le Mans et Nogent-le-Rotrou, à qui elle dispute, dans les adjudications, les commandes du Gouvernement.

DENTELLES.

Il est une branche de commerce qui tient une grande place dans l'arrondissement d'Ambert, puisqu'elle occupe 9 à 10,000 ouvrières, s'élève au chiffre de 1,500,000 fr. par an, et fait preuve du développement du sentiment du goût en Auvergne. Nous regrettons vivement que nos sollicitations n'aient pu déterminer aucune des maisons d'Arlanc, de Viverols, de Saint-Anthême, de Marsac ou d'Ambert, à orner de leurs dentelles gracieuses l'emplacement réservé au Puy-de-Dôme dans le palais de l'Exposition universelle. Mais, regardant ce commerce comme une annexe de celui de la Haute-Loire, dont le Puy est l'entrepôt, elles n'ont pu se décider à concourir, quoique des dentelles noires, sorties des ateliers de M. Bréviaire, d'Arlanc, et des dentelles blanches de M. Bachelery-Favier, mises sous nos yeux, aient excité notre admiration. Celles-ci ont beaucoup de rapport avec le point de Lille et le point de Paris; les autres peuvent rivaliser avec les plus riches dentelles de Chantilly.

Le Puy est le centre du mouvement commercial de cet article, qui en a reçu le nom, et qui y donne lieu à des transactions de près de huit millions de francs. La tradition fait remonter l'invention de la dentelle au quatorzième siècle et l'attribue à une ouvrière de cette ville, Isabelle Mamour. Un jubilé devait attirer une foule de pèlerins aux pieds de la statue de Notre-Dame. Animée du désir de revêtir cette image vénérée d'un tissu digne de la grande solennité, Isabelle essaya, dit-on, un réseau dont elle forma un voile admirable, qui émerveilla tous les pèlerins et fut remarqué par une princesse d'Aragon. Quoi qu'il en soit de l'authenticité de ces souvenirs, on signale dans le dernier siècle cette industrie dans les montagnes de Craponne et de la Chaise-Dieu, d'où elle s'est répandue dans le sud-est du Puy-de-Dôme. Dans le principe, ce n'étaient que des dentelles communes, de peu de valeur, faites sur de vieux dessins toujours identiques. Les négociants du Puy imprimèrent une direction meilleure, en envoyant des dessins confectionnés à leurs frais, au goût du jour. Vers 1837, la mode des dentelles noires en soie éleva, dans le Livradais et dans le Velay, des fortunes rapides. Les femmes gagnant, à cette époque, des journées de 6 à 8 francs, abandonnaient aux hommes le soin du ménage. Cette phase ne dura pas, mais des ouvrières habiles s'étaient formées, des maisons importantes avaient surgi, l'industrie avait pris son essor, et aujourd'hui, dans les communes d'Arlanc, de Dore-l'Eglise, à Beurière, à Chaumont, à Saint-Just-de-Balfie, à Marsac, à Saint-Bonnet-le-Chastel, aux environs d'Ambert, dans le canton de Viverols, il n'est pas une femme, pas une jeune fille qui, dès l'âge de sept ans, n'ait son métier ou *carreau*, pas une communauté religieuse qui n'ait adopté ce genre de travail. Le vénérable directeur de l'institut des sourds-muets de Chaumont, M. l'abbé Dessaigne, l'a introduit pour les élèves du sexe, dans son établissement philanthropique. Quelques maisons commencent à se passer de l'intermédiaire du Puy, et traitent directement avec Paris, qui, de son côté, commandite des agents dans le pays, donne ses dessins, épure le goût. Des châles, des voilettes, des volants d'un grand prix y sont mis en œuvre.

Objet de luxe, la dentelle subit l'influence des crises politiques et des crises alimentaires; elle est impressionnable comme les valeurs qui se cotent à la Bourse, a ses bons et ses mauvais jours. Cette industrie si intéressante, puisqu'elle occupe jusqu'aux jeunes filles et aux enfants, qu'elle conserve sous la tutelle maternelle, qu'elle attache au sol natal, offre de plus l'immense avantage de ne pas absorber les facultés intellectuelles, d'éveiller le goût du beau, de porter aux sentiments de piété. Aucune classe d'ouvrières n'est animée d'une foi plus vive; toujours réunies par groupes, l'été sur le seuil de leurs portes, l'hiver dans des salles éclairées par des réflecteurs d'eau, elles chantent en chœur des cantiques, écoutent le récit de quelques pieuses légendes, et, quand la cloche de l'*Angelus* a sonné l'heure du repos, elles tombent à genoux, leurs lèvres murmurent des prières, pendant que leurs doigts déroulent les grains d'un chapelet. De nombreuses communautés religieuses, adonnées à ce genre d'occupations, contribuent à entretenir ces sentiments. Un seul inconvénient se manifeste dans la santé des jeunes filles. Accroupies durant de longues heures sur une chaise basse, le cou et la poitrine tendus et penchés sur leur carreau, leur teint est souvent pâle, leur corps affaibli exige l'emploi des eaux ferrugineuses du pays. Mais cet inconvénient, qui pourrait être atténué, disparaît après le mariage, quand les soins du ménage viennent alterner avec ceux de la dentelle.

DÉFILAGE ET CARDAGE DES VIEILLES ÉTOFFES DE LAINE.

M. Dabaux vient d'introduire, à Ambert, une industrie qui a fait sensation parmi les fabricants de draps. Avant lui, presque tous les vieux chiffons de laine étaient abandonnés pour engrais; les habitants de Bertignat s'occupaient seuls d'un grossier et rebutant défilage à la main, dont le produit était expédié à Vienne, en Dauphiné. La mécanique montée à Ambert par ce fabricant s'empare aujourd'hui de tous ces débris informes, ne négligeant que les chiffons qui ont subi l'opération du foulage; de cet horrible mélange elle fait revivre une étoffe à laquelle a été donné, avec raison, le nom de *renaissance,* et qui rentre de nouveau, comme matière première, dans les manufactures de draps.

ARTICLES DIVERS.

Plusieurs autres industries secondaires fonctionnent dans l'arrondissement d'Ambert : le moulinage et le devidage de la soie, du chanvre, de la laine, le cardage de la bourre de soie, le velours de coton, la blanchisserie, la fécule, les sabots, les meubles, etc.

Nous n'entrerons dans aucun détail à leur égard, mais nous ne pouvons passer sous silence une industrie que recommande son originalité, et qui se pratique dans toute la région de nos montagnes, celle des cheveux. En été, aux jours des marchés et des foires, des marchands s'installent près des places publiques, vers les carrefours les plus fréquentés, les uns dans une grange, d'autres dans un passage, ceux-là en pleine halle, et y étalent aux yeux des jeunes filles toutes les séductions de l'indienne et du calicot. Là s'ouvre et se débat un trafic animé, là se déroulent des scènes de mœurs piquantes; les chevelures tombent de toutes parts sous les ciseaux, le plus souvent au prix d'un mouchoir ou de quelques mètres d'étoffe, plus rarement à prix d'argent. Une chevelure de deux ans vaut 2 fr. à 2 fr. 50 c.; il y en a de 5, de 10 et même de 15 fr., quand elles sont ondoyantes, épaisses et d'une belle nuance. Ce commerce n'est pas sans im-

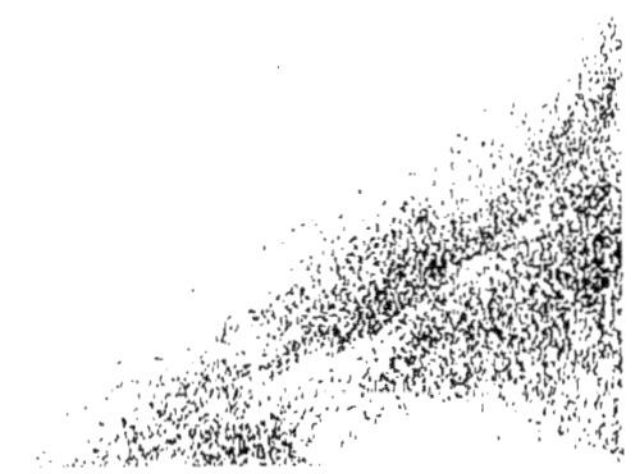

portance dans le Livradais; il s'opère sur tous les marchés, est évalué à 150,000 fr. par an, et plus d'une réputation de beauté, dans la capitale, a emprunté son plus bel ornement à l'Auvergne.

Cette esquisse rapide que nous venons de tracer de l'état industriel de l'arrondissement d'Ambert suffit pour en faire ressortir l'importance. Le bas prix de la main d'œuvre, l'abondance des chutes d'eau, le perfectionnement des voies de communication qui se multiplient, le développement des habitudes commerciales au sein d'une population ardente au travail, sont autant d'éléments de prospérité, et l'on doit s'étonner qu'un pays, qui manifeste tant de sentiments d'ordre et d'économie, ne soit pas encore doté d'une caisse d'épargnes.

COUTELLERIE DE THIERS.

Cette ville, appelée avec raison le Sheffield de la France, est le foyer d'une de ces industries dont les produits, demandés par toutes les classes, peuvent être considérés comme de première nécessité, et qui créent des millions, tout en étonnant par la modicité incroyable de leurs prix. La coutellerie de Thiers mérite, à ces titres, l'intérêt le plus vif.

Son origine remonte au commencement du seizième siècle, mais son essor date du dix-neuvième. Longtemps on s'était borné à fabriquer des couteaux et des ciseaux communs; les formes étaient grossières. Ainsi, l'on ne connaissait que le couteau dit *plein-manche*, c'est-à-dire dont le manche est tout d'une même matière, os, corne, ivoire, bois des îles, tandis que maintenant on fait ces jolis couteaux à mître dont le manche, composé extérieurement de deux substances, montre le métal marié à l'os, à l'ivoire, etc. Quant aux lames, elles étaient en fer ou en mauvais acier ; aujourd'hui, il n'y a guère de contrées qui soignent et qui trempent mieux leurs aciers. Aussi ses couteaux, ses ciseaux, ses rasoirs se distinguent par des qualités qui les font rechercher dans tous les pays, et la plupart des bons rasoirs qui se débitent à Paris avec la marque anglaise viennent de Thiers. On y fait par masses considérables des articles peu importants jusqu'à ce jour, le couteau de table notamment. Le couteau à plusieurs pièces commence aussi à prendre rang, tant dans le genre fin que dans le genre ordinaire.

Par la division du travail réparti entre les diverses spécialités, par la dispersion d'une partie des ouvriers dans les communes rurales qui avoisinent le chef-lieu, par la suppression de l'intermédiaire onéreux des commissionnaires, par un perfectionnement constant dans les procédés, Thiers est parvenu à réduire ses prix, de manière à créer une concurrence redoutable aux fabriques étrangères, et en France, à Nogent et à Châtellerault. Les exportations s'opèrent vers toutes les parties du globe, spécialement dans le Levant, en Espagne, en Afrique et dans l'Amérique du sud. L'introduction des moyens mécaniques perfectionnés, tels que mouton, balancier, découpoir, tour, scie circulaire, etc., l'application des polis, dits polis anglais, demeurés longtemps le secret de quelques ouvriers, enfin le sentiment de l'art qui se développe chaque jour chez les fabricants par leurs rapports commerciaux, par les voyages et par les expositions, ont donné à cette industrie un élan remarquable, et lui assurent un brillant avenir. Les évaluations les plus modérées la portent à huit millions de francs, dont les deux cinquièmes forment le contingent des matières premières, telles que fer, acier, corne, os, ivoire, etc.; le reste comprend les salaires et les bénéfices. Elle occupe 400 fabricants et environ 25,000 ouvriers, répartis à Thiers et dans une douzaine de communes voisines.

Nulle part, la division du travail n'est mieux établie, et par suite nulle part les conditions d'économie et de bonne confection ne sont mieux atteintes. S'agit-il par exemple des ciseaux, dont le fer forme le corps et l'acier le tranchant ? les verges de fer et d'acier, venues celles-là du Berry, celles-ci de l'Isère, sont livrées au *forgeron,* qui généralement travaille à la campagne ; le forgeron les passe au *limeur,* campagnard comme lui, qui donne la première façon, ajuste et perce les deux branches. Portées à la ville chez le *dresseur,* qui imprime la voilure, les ciseaux ainsi préparés sont livrés à *l'émouleur,* puis au *taraudeur,* au *rajusteur,* à *l'acheveur,* à *l'affileur,* au *riffeur.* Ils subissent ensuite l'opération si importante de la *trempe,* puis vont successivement chez le *redresseur, l'émouleur,* la *frotteuse,* le *faiseur de vis, l'affileur,* le *polisseur, l'essuyeuse.* Cette multiplicité de mains, par lesquelles passe l'article, est une des conditions de succès. Il en est à peu près de même des couteaux et des rasoirs, dont le genre fin emploie les meilleurs aciers fondus de la Loire, spécialement ceux de la maison Jackson. A la qualité de la matière première, le fabricant de Thiers joint celle de la trempe, qui est faite avec le plus grand soin, par lui ou sous ses yeux. On comprend dès lors les causes de la supériorité de notre coutellerie, tant fine qu'ordinaire, supériorité reconnue et établie dans le commerce.

En état de soutenir toutes les concurrences sous le rapport du bas prix et de la qualité, cette industrie ne redoute que les crises résultant des hausses trop sensibles dans le prix des matières premières et des denrées alimentaires. Cet effet pèse sur la situation actuelle. Le renchérissement de tous les objets indispensables à la vie, celui de la houille qui a doublé de prix depuis un an, déterminent une gêne réelle, mais qui passe inaperçue, parce que la population sait la supporter avec courage. Il existe entre l'ouvrier et le fabricant, qui se rappelle avoir été lui-même ouvrier, des rapports intimes et directs, utiles à l'un et à l'autre. Plusieurs genres de travaux s'exécutent à la tâche, à la campagne, mais les opérations délicates, telles que la trempe et la dernière main-d'œuvre, s'opèrent dans l'atelier du fabricant et par ses soins. L'ouvrier qui travaille au dehors a aussi quelques instants à consacrer à l'agriculture, qui lui vient en aide, quand l'industrie souffre.

Rien n'est pittoresque comme cette vallée profonde et étroite, taillée par la nature dans des abîmes de rochers, dominés par les habitations de la ville, et au fond de laquelle coule la Durolle, qui fait mouvoir les moulins, les papeteries et les 80 rouets des émouleurs ; mais rien aussi n'est plus affligeant que le spectacle intérieur de ces rouets. Là, devant des meules où chaque place se loue dix à vingt francs, sont couchés, à plat ventre, sur des planches, pendant des journées entières, les ouvriers chargés d'émoudre, d'aiguiser, de polir. L'émouleur se reconnaît à l'aplatissement de son corps. Que la science se propose l'intéressant problème d'arracher ces hommes à cette position contre nature, elle parviendra, il n'en faut douter, à une solution heureuse.

Trente-six fabricants ont répondu à l'appel du Gouvernement pour l'Exposition universelle, et de son côté, la ville de Thiers a voulu s'associer à ce concours général, où son industrie est destinée à jouer un grand rôle. Elle s'est chargée des frais de confection d'une vitrine de 50 mètres carrés qui, surmontée des armes de la ville, réunira dans un même tableau ce beau spécimen de sa coutellerie. Les maisons les plus importantes, MM. Jacqueton frères, Chatelet Joseph, Boyer-Chabanne, Sabatier Jean, Tixier-Goyon, Dumas-Girard, Sauvagnat-Sauvagnat, Prodon-Pouzet, y figurent à côté des fabricants plus modestes, qui ne font que pour quelques milliers de francs d'affaires. Le comité devrait citer les noms de tous les exposants, pour rendre justice aux qualités de leurs produits, couteaux, ciseaux, rasoirs, serpettes, sécateurs, tire-bouchons, etc. Le genre couteau s'y présente sous toutes les formes, avec toutes les variétés possibles, depuis les prix les plus minimes jusqu'à 200 fr. la douzaine. On y remarque le couteau à pompe, en ivoire ou en corne de cerf, avec tire-bouchon, le couteau poignard, le couteau de table, le couteau de cuisine, etc. En présence de cette multiplicité d'articles, que distinguent leurs qualités intrinsèques et la modicité des prix, le comité signale de plus les immenses progrès réalisés dans les formes adaptées à tous les usages, et qui annoncent un véritable sentiment de l'art. C'est l'indice d'une ère nouvelle dans l'industrie du pays.

Voici la liste, par ordre alphabétique, des exposants dont la coutellerie figurera dans la vitrine de Thiers :

MM.	MM.
Bailly, Henry.	Guenon-Decouzon.
Boyer-Chabanne.	Jacqueton, frères.
Brossard-Dacher.	Journaud-Riberon.
Chaput-Guérin, jeune.	Lacrèche-Dessapt.
Chassonnerie, Joseph.	Lagarde-Manouvrier (vve)
Chatelet, Joseph.	Nadal.
Chazeaux-Faye.	Navarron-Nicolas.
Cusson-St-Joannis.	Ojardias-Cellerier.
Dassaud-St-Joannis.	Place-Vieillard.
Decouzon, père et fils.	Prodon-Pouzet.
Dessapt-Gouret.	Raffin-Fauron.
Didier, Marry.	Renardias-Tarpoux.
Douris-Migeon.	Sabattier-Courcon.
Dumas-Dassaud.	Sabattier, frères.
Gatteirias-Deroure.	Sauvagnat-Chaise.
Girard et Dumas.	Sauvagnat-Sauvagnat.
Grange-Frestier.	Tixier-Goyon.
Guelon-Trioulier.	Verdier-Chavaroche.

PAPETERIE DE THIERS.

Cette fabrication, dont l'origine paraît être contemporaine de celle de la coutellerie, et dont l'importance est d'environ un million de francs par an, est à peu près restreinte aujourd'hui au papier à timbre, qui lui est concédé par le Gouvernement. Cependant on y fait aussi quelques autres variétés, spécialement le papier carton bois, dont M. Ballande-Fougedoire a envoyé une caisse. Son papier carton, ou carton bois, a beaucoup de consistance, la surface en est satinée, il est imperméable à l'eau. Fait avec 1|3 de vieux cordages et 2|3 de bois de saule ou de peuplier, il sert à la reliure, à l'encadrement des tableaux ; la colle y prend mieux que sur le carton ordinaire, il ne se tourmente ni ne se gerce, préserve de l'humidité les marchandises qu'il recouvre, et se vend 2 fr. par 100 kil. de moins que le carton ordinaire.

COUVERTURES DE MARINGUES.

Cette ville, dont la tannerie est l'industrie principale, ne sera représentée que par ses couvertures de laine. La fabrique de MM. Teissier et Cie, d'une importance de 150,000 francs par an, occupe 80 ouvriers, à l'aide d'une force hydraulique de 15 chevaux. Les quatre couvertures qu'elle expose se font remarquer par leur blancheur, par la bonté du tissu, la modicité des prix, ce qui leur permet de soutenir la concurrence, dans les qualités ordinaires, même avec les produits similaires anglais. Quant aux couvertures surfines avec dessins, elles se font sans recourir au mode dispendieux de la broderie à l'aiguille.

RUBANS DE LAINE DE COURPIÈRE.

M. Gatteirias-Giraud de Courpière expose cet article, qui offre les qualités signalées dans le ruban d'Ambert, solidité de l'étoffe et de la teinture.

TERRES RÉFRACTAIRES.

Le canton de Courpière livre au commerce un produit

d'une haute importance pour l'art métallurgique et pour les verreries. Deux exposants, M. Dumas-Giraud et MM. Rocher-Cousin exploitent en grand, surtout depuis une quinzaine d'années, une terre connue sous le nom de terre réfractaire d'Auvergne, qu'ils tirent du terrain tertiaire ancien. Il n'en est point qui soit plus propre à la fabrication des creusets destinés à supporter les hautes températures des feux de forge. Tous ceux qui sont initiés à la métallurgie connaissent les difficultés que l'art rencontre dans l'emploi des creusets. M. Maury, en 1827, a le premier reconnu les qualités réfractaires de cette substance. M. Dumas et M. Rocher ont donné une vive impulsion à cette exploitation. Ils ont à lutter contre des obstacles sans cesse renaissants, que leur persévérance sait vaincre. Les couches d'argile sont recouvertes par des nappes d'eau considérables, le terrain mouvant cède sous les pas, écrase les puits et les galeries, s'ils ne sont exécutés avec beaucoup de soin et par suite à grands frais. C'est à Courpière que s'alimentent en creusets les aciéries et les verreries de la Loire, le Dauphiné, le Creuzot, etc. L'exploitation peut s'élever à 2,000 tonnes.

TUILES ROMAINES DE LEZOUX.

Les tuiles romaines, exposées par M. Bonnefond de Lezoux, sont destinées à remplacer les tuiles plates et les tuiles creuses, en leur substituant un système de tuiles à fond plat, à rebord saillant, liées ensemble de manière à rendre tout déplacement impossible. Ce système offre des avantages réels, justifiés par l'expérience, et exige moins de pente que la tuile plate.

VINS MOUSSEUX DE LA DORE.

Depuis plusieurs années, M. Constant se livre avec succès à la fabrication des vins mousseux dans la commune d'Escoutoux, sur les bords de la Dore. Leur réputation est due au choix des plants que cet habile agronome a tirés des crûs les plus renommés, et à l'emploi des meilleurs procédés usités en Champagne. Ses vins blancs et ses vins roses ou ambrés peuvent rivaliser avec plusieurs bonnes qualités de la Champagne, et la différence, le plus souvent imperceptible, n'est pas toujours à l'avantage de ces derniers. M. Constant fait chaque année un triage de 30,000 bouteilles qu'il livre au commerce au prix de 2 francs à 2,50. Une caisse destinée à l'Exposition universelle permettra de vérifier et justifiera cette appréciation.

ARRONDISSEMENT D'ISSOIRE.

Cet arrondissement, éminemment agricole, n'a envoyé que fort peu de ses produits industriels, quoiqu'il possède une grande partie du gîte houiller de Brassac, des verreries, une fabrique de produits chimiques, de l'arsenic, de l'antimoine, de la barite sulfatée, etc.

M. Barissa, peintre à Issoire, a exécuté un modèle de chemin de fer où l'hélice est adaptée à la locomotive. Ce système, qui a été l'objet d'un brevet, peut n'être pas d'une application immédiate, par suite des frottements qu'il développe, mais il conduira peut-être à des perfectionnements pour la remonte et la descente des plans inclinés.

M. Delmas, fabricant de fourneaux à Saint-Germain-Lembron, a inventé une machine propre à fabriquer d'une manière facile et rapide les tuyaux en fer-blanc. Le mécanisme est simple, peu coûteux, peut être fixé, au moyen de vis à bois, sur un banc quelconque. D'une main l'ouvrier tourne une manivelle, de l'autre il fait passer et coupe les feuilles de fer-blanc, et peut ainsi obtenir 45 à 50 tuyaux par heure.

La pompe à épuisement de M. Guimbal-Lhéritier d'Issoire a été essayée avec succès sur le Grand-Central. Elle donne 1,500 litres d'eau par minute, et exige l'emploi de la force de quatre hommes pour élever la colonne d'eau à 4 mètres. D'un mécanisme simple et ingénieux, cette pompe peut être très-utile pour les épuisements et les irrigations.

Un coffre à bois assez curieux est exposé par M. Bugette, jardinier à Issoire; ce meuble est verni et ornementé d'applications de pommes et de rameaux de pin sylvestre, qui produisent un effet original. Ce genre peut donner lieu à une industrie locale.

ÉCHANTILLON DE MINERAI DE CUIVRE.

M. Eugène Jusseraud, ingénieur civil à Brassac, a découvert dans la commune du Vernet un gisement de sulfure, de carbonate et d'oxide de cuivre, et le bel échantillon qu'il destine à l'Exposition, ne peut manquer d'attirer l'attention.

La note qui accompagne cet envoi donne les renseignements suivants :

« Près du hameau de Pégu, commune du Vernet,

arrondissement d'Issoire, on observe, encaissé dans le terrain primitif, un filon de 1m,50 de puissance, composé de divers éléments, quartz, améthyste, feldspath, argile et d'une partie métallifère de près de 0m,30 d'épaisseur, qui n'est autre qu'un mélange de carbonate, de sulfure et d'oxide de cuivre. Ce filon, signalé pour la première fois par M. Eugène Jusseraud, a une direction N.-E., S.-O., parallèle à la vallée, et plonge dans la montagne avec une inclinaison de 70 degrés environ. »

Voici les résultats de deux analyses faites, l'une au laboratoire du dépôt de la guerre à Paris, l'autre à l'école des mineurs de St-Etienne :

	1o. Paris.	2o. St-Étienne.
Cuivre..........	52,70	42,30
Fer.............	14,15	13,74
Soufre..........	16	24,64
Silice...........	7,05	16
Oxigène, terre.....	10,10	3,32
	100	100

Il est à désirer que des recherches soient exécutées pour arriver à la connaissance exacte d'un filon, dont l'exploitation serait si digne d'intérêt, si sa richesse était constatée.

ARRONDISSEMENT DE RIOM.

Cet arrondissement renferme le gîte houiller de la Vernade ou de Saint-Eloi, dont la production annuelle est environ de 50,000 tonnes, ainsi que l'une des deux mines de plomb argentifère en activité en France. Pontgibaud, en Auvergne, Poullaouen, en Bretagne, sont les deux seuls établissements de ce genre qui méritent d'être cités.

MINES ET USINE DE PONTGIBAUD.

Pontgibaud expose :

1°. Des échantillons de minerai massif et de minerai préparé, tel qu'il sort de chacune des opérations qu'il subit, après avoir été cassé, bocardé, lavé, criblé, etc. ;

2°. Des schlichs, des schlams et autres dépôts de sables de lavage ;

3°. Un gâteau d'argent d'un poids de 350 kil., d'une valeur de 70,000 fr.

Ces mines de plomb argentifère, exploitées dès le seizième siècle, mais d'une manière peu suivie, abandonnées par suite des événements de la révolution, ont été reprises en 1826, par M. le comte de Pontgibaud. Mais elles n'ont acquis une importance réelle qu'à partir de 1838, lorsqu'elles eurent passé entre les mains d'une société en commandite, sous la direction de M. Pallu. Elles viennent d'entrer dans une phase nouvelle, sous l'action d'une société anonyme puissante, organisée d'après le système anglais, avec un apport de 2,000,000 fr.

Les filons de galène argentifère traversent le terrain primitif, composé de schistes, de gneiss et de granit, coupé par des éruptions porphyriques, et recouvert en différents points par des nappes de basalte, par des scories et des coulées de laves épanchées des puys voisins. Les filons de Pranal et de Barbecot, longtemps exploités, avaient été abandonnés par suite de l'envahissement des eaux et des difficultés de ventilation qu'y oppose la présence du gaz acide carbonique, assez fréquent parmi ces laves refroidies. L'exploitation va être reprise à Pranal, mais la majeure partie des travaux s'opère sur les filons du Roure et de Rozier, où les eaux sont épuisées par des machines à vapeur renouvelées depuis peu avec augmentation de puissance.

Les laveries forment la seconde division de l'établissement ; elles se trouvent à la sortie des mines, où s'opère la préparation mécanique des minerais, à l'aide de procédés qui ont atteint un haut degré de perfection.

Dans la fonderie, située sur les bords de la Sioule, qui permet de disposer d'une chute d'eau de quatre mètres, ont lieu le traitement du plomb et la coupellation de l'argent. La nouvelle société anonyme y a introduit des modifications profondes, conçues d'après les idées anglaises. Les fours à griller le minerai, les trois fourneaux à manche pour la fusion et la réduction du plomb, ont été entièrement changés. La méthode employée pour séparer l'argent du plomb diffère totalement de la méthode ancienne. A la grande coupelle allemande, on a substitué la petite coupelle anglaise, dans laquelle on fait passer, par charges successives, une forte masse de plomb d'œuvre préalablement épuré et enrichi par des fusions à basse température dans douze chaudières *Pattinson*. On obtient ainsi du plomb marchand d'une part et du plomb très-argentifère pour la coupellation de l'autre. Les litharges ne sont plus livrées au commerce, mais revivifiées dans un fourneau à reverbère spécial. Une immense cheminée s'élève au-dessus de l'établissement et recueille toutes les fumées métalliques des divers fourneaux. Tel est l'état actuel.

Les mines, les laveries et l'usine de Pontgibaud occupent un personnel de plus de 1,200 ouvriers, et ont produit, dans chacune des dernières années, environ 500,000 fr.; la valeur en francs de l'argent extrait est à celle du plomb dans le rapport de 3 à 1.

Pontgibaud est un de ces établissements auxquels s'attache un intérêt public, et l'enseignement métallurgique en suit attentivement les phases.

MODÈLE D'UN MÉTIER JACQUARD PERFECTIONNÉ.

M. Franche, marchand de soieries à Riom, voulant remédier à quelques inconvénients du métier Jacquard, qui, pour produire l'étoffe, exige que chaque ouvrier ait sa partie, a inventé un mécanisme où tout est réuni dans la même main. Ainsi, dans le système de Jacquard, le chef d'atelier monte le métier d'après la disposition donnée par le fabricant, le *liseur* lit le dessin sur la carte, l'*ourdisseuse* ourdit la chaîne et l'ouvrier tisse. M. Franche supprime la marche ou *foule* que meut le pied, et adapte un mécanisme au battant, où les deux mains de l'ouvrier suffisent pour l'ensemble des opérations. Ce système nous a paru assez ingénieux pour décider l'envoi de ce joli modèle à Paris. M. Franche y a joint un album de 135 dessins différents, avec cartes, dispositions et étoffes en regard, dessins qui peuvent s'exécuter simplement en changeant les cartons.

INSTRUMENTS ARATOIRES DE RANDAN.

M. Pardoux, mécanicien à Randan, fabrique des instruments aratoires, de la grosse horlogerie, des pompes à incendie, etc. ; il a reçu des médailles aux Expositions générales de 1849 et 1851, et récemment à Clermont. Il expose deux modèles de charrues, dont l'expérience a constaté les bons effets, qui joignent l'élégance à la solidité et utilisent la plus grande partie de la force de traction.

FILATURE DE SAINT-MARTIN-LEZ-RIOM.

L'usine de Saint-Martin-lez-Riom, raison sociale Nicolle et Rigotti, n'a point envoyé ses produits, quoiqu'elle se soit fait inscrire ; elle fabrique des fils et des toiles de chanvre, dont la matière première est tirée en grande partie de la Limagne. Elle exerce une heureuse influence sur la culture du pays, en amenant les cultivateurs à donner plus de soin au choix de leurs semences, et à obtenir des qualités aussi fines que dans le Poitou.

INCRUSTATIONS SUR BOIS.

M. Albert, de Riom, se livre à un travail d'art curieux ; c'est une espèce d'incrustation sur bois, genre mosaïque, faite sur des lames minces et flexibles entrelacées, qui se prêtent à l'application de toutes les couleurs et peuvent servir d'ornementation.

ARRONDISSEMENT DE CLERMONT.

Clermont et ses alentours ont vu s'élever, depuis peu d'années, un grand nombre d'établissements industriels considérables, qui tirent, la plupart, leurs produits de notre sol, et qui marchent dans une voie de progrès rapide.

SUCRERIE, RAFFINERIE ET DISTILLERIE DE BOURDON.

Cette usine, reconstituée en novembre 1852 par une société en commandite, sous la direction de M. Herbet et sous le patronage de M. le comte de Morny, a été conçue et rapidement montée dans des proportions et sur un plan qui la mettent dès aujourd'hui au rang des premières manufactures de France.

La betterave est la matière première mise en œuvre, tant pour l'alcool que pour le sucre, et la fabrication repose sur le système de la dessication préalable de cette substance, système dit fabrication de la *cossette*. Cette méthode, dont le privilége est assuré par un brevet, et qui a été emprunté aux fabriques de chicorée, permet à Bourdon de conserver presque indéfiniment, sans altération aucune, la betterave qui a subi cette transformation, de pouvoir en étendre la production sur des points multipliés, et de réduire considérablement les frais et les difficultés de transport de ces divers points à l'usine-mère, où s'opèrent les dernières métamorphoses.

L'établissement central de Bourdon, dont les cours et les bâtiments occupent une surface de plus de dix hectares, compte fabriquer, quand il sera en pleine activité, six millions de kilogrammes de sucre par an, et, en ce moment, ses distilleries donnent cent hectolitres d'alcool par jour. Huit succursales ou *tourailles* fonctionnent dans un rayon de cent kilomètres, et assurent à l'usine-mère un approvisionnement régulier, au moyen des betteraves cultivées sur leurs domaines et desséchées par leurs appareils.

Cette vaste manufacture manifeste déjà son action sur l'agriculture du pays. Exploitant elle-même environ deux mille hectares, elle tend à modifier les assolements et à développer, dans le Puy-de-Dôme, la puissance industrielle qui distingue le Nord. Les hauts prix des alcools ont amené la concentration momentanée de la fabrication sur la distillerie, fait signalé par les rapports du Gouvernement sur tous les points de la France.

Bourdon expose :

1°. Un échantillon d'alcool ;

2°. Des pains de sucre ;

3°. De la cossette de betterave.

FABRIQUE DE CAOUTCHOUC.

MM. Barbier et Daubrée ont créé, depuis près de trente ans, à Clermont, deux industries tout à fait distinctes et d'une haute importance : celle du caoutchouc, dont la matière première est tirée des forêts du Brésil et de la Guyane, et celle de la construction des machines. Ils viennent, de plus, de fonder à Blanzat une succursale, qui utilisera une force hydraulique de 25 chevaux et trois machines à vapeur. L'usine de caoutchouc de Clermont, qui dispose aussi d'un cours d'eau et de deux machines à vapeur, livre déjà au commerce pour 500,000 fr. de produits, chiffre que Blanzat doublera. Celle-ci sera montée avec un outillage nouveau, d'après les procédés américains, de manière à fabriquer mille kilogrammes par jour. La multiplicité des applications du caoutchouc, les inventions récentes, qui permettent de lui donner à volonté la plus grande souplesse ou la plus grande dureté, répandront de plus en plus l'usage de cette substance. Aussi l'avenir assure toutes les conditions de succès à la manufacture que MM. Barbier et Daubrée dirigent avec habileté et intelligence.

Leurs articles en caoutchouc ordinaire et en caoutchouc volcanisé, mis en œuvre par deux cents ouvriers, jouissent d'une réputation méritée en France et en Europe.

Leur vitrine contiendra des échantillons de tous genres :

1°. Les fils qui servent à faire les bretelles, les gants et autres élastiques ;

2°. Des manteaux et des vêtements imperméables ;

3°. Des rondelles et tampons pour les chemins de fer ;

4°. Des courroies, article nouveau en France, destiné à se répandre ;

5°. Des feuilles de toute nature et de toute épaisseur, pour joints, soupapes, etc. ;

6°. Des tuyaux, soit en caoutchouc pur, soit garnis intérieurement en toile, tuyaux pouvant supporter des pressions considérables ;

7°. Des bandes de billards ;

8°. Des balles, ballons, jouets d'enfants ;

9°. Plusieurs objets en caoutchouc moulé ;

10°. Articles variés pour mercerie, pharmacie, etc.

CONSTRUCTION DE MACHINES.

Les ateliers de construction de machines de MM. Barbier et Daubrée se composent :

1°. D'une fonderie de fonte de deuxième fusion, avec

deux cubilots, de dimensions suffisantes pour fondre des pièces de 8 à 10,000 kilos ;

2°. D'une fonderie de cuivre ;

3°. D'un atelier de chaudronnerie où se confectionnent des appareils de sucrerie et de distillerie, des générateurs, etc.;

4°. Des forges ;

5°. Un atelier de menuiserie, uniquement consacré à la confection des modèles ;

6°. Un atelier d'ajustage, dont le moteur est une machine à vapeur de 25 chevaux, et dont l'outillage est complet. Cet établissement, en état de fabriquer les machines les plus puissantes, emploie deux cents ouvriers et livre au commerce 600 tonnes de marchandises par an. Il approvisionne en machines nos sucreries, vermicelleries, huileries, nos mines de houille et de plomb, nos chemins de fer, etc., et expédie jusque dans nos colonies des Antilles et des Indes, malgré la position de l'usine au centre de la France. L'Auvergne n'est plus obligée de recourir aux commandes lointaines, toutes les industries y trouvent leurs machines et les moyens de réparation immédiate.

Vous avez admis trois de leurs produits :

1°. Une grue hydraulique destinée à être placée sur la voie d'un chemin de fer, pour alimenter d'eau les locomotives. Elle est remarquable par son élévation, son élégance, par la combinaison de deux robinets conjugérés, qui permettent de laisser le corps de la grue plein d'eau, ou de le vider entièrement dans les temps de gelée ;

2°. Une machine à battre le blé, mue par une locomobile à vapeur, d'où le grain sort tout vanné, système ingénieux et économique ;

3°. Une machine à laver le charbon, d'après le système Meynier. Le charbon, d'abord broyé par une paire de cylindres, tombe dans une caisse en tôle au-dessus d'un diaphragme en zinc percé d'un petit trou. Au fond de cette caisse aboutissent les tuyaux d'une pompe qui, à chaque coup de piston, y amène une masse d'eau. L'eau soulève la matière minérale qui se classe suivant les densités, en sorte que les schistes se trouvent séparés du charbon ; celui-ci, entraîné par l'eau, tombe sur un plan incliné à claire-voie, est reçu sur un wagon, tandis que le liquide écoulé du plan incliné circule dans un labyrinthe, où se déposent les particules de charbon pulvérulent qu'il a emportées. Tout le système est mis en mouvement par une machine à vapeur de 6 chevaux.

Ces diverses machines, fabriquées en Auvergne par des ouvriers du pays, constateront à l'exposition universerselle les progrès de notre industrie, et vous avez disposé avec raison en leur faveur de tout l'emplacement que vous pouviez leur donner.

MOULAGE SANS MODÈLE POUR LES ENGRENAGES DES MACHINES.

M. de Louvrié, ingénieur civil, qui exploite l'usine de Saint-Marc, à Royat, a inventé un système de moulage sans modèle, fort ingénieux, qui réalise un progrès véritable. Quelques explications préliminaires sont nécessaires pour apprécier le mérite de cette invention, que nous recommandons à l'examen des hommes spéciaux, et, comme exemple d'opération délicate, nous décrirons celle des roues à dents.

Le moulage avec modèle présente en général de graves inconvénients, surtout dans l'exécution si difficile des engrenages et des pièces organiques des mouvements de la mécanique. Le modèle en bois joue sans cesse; s'il est en métal, il est fort coûteux et exige une machine à tailler qu'on ne rencontre que dans les grands établissements industriels. D'ailleurs, lors même que le modèle est parfait, le moule ne l'est pas, et la pièce moulée en sort imparfaite. Car, s'il est en bois, il joue dans le sable humide, puis le mouleur l'ébranle à coups de marteau pour le détacher du sable, et produit tout autour un vide qui entraîne des irrégularités sensibles, de manière à rendre polygonales les pièces rondes. D'autre part, il a fallu donner au modèle des formes particulières nommées *dépouilles*, c'est-à-dire enlever le parallélisme aux surfaces qui doivent être parallèles, et malgré cette double précaution, l'ébranlement et la dépouille, il est impossible d'arracher le modèle sans déchirer le moule. De là des irrégularités, des protubérances, des défauts nombreux qui exigent ensuite la main du tourneur, celle de l'ouvrier qui redivise, celle de l'ajusteur qui retaille la denture. En un mot, il faut refaire la roue après avoir fait le modèle.

Pour éviter ces inconvénients, au lieu de préparer un modèle entier, on a fait des boîtes, dites *boîtes à noyaux*, qui représentent un segment en partie aliquote de la roue, 1|6, 1|8, 1|10, et après avoir serré du sable dans ces boîtes, on distribue les gâteaux ou segments qui en résultent dans l'espace circulaire, dont l'ensemble doit constituer le moule de la roue. Mais ce procédé, quoique fort usité, laisse subsister la plupart des inconvénients signalés. D'abord le segment n'est presque jamais une partie aliquote exacte de la roue. Parvenu à la dernière motte, le mouleur est obligé de recommencer, s'il est consciencieux, ou bien de rogner ou de sacrifier une dent, de remanier toutes les mottes, et il en résulte une roue ou difforme ou dissemblable. Ce procédé, qui économise quelques frais de modèle, ne donne donc encore que des produits imparfaits.

Supprimer entièrement le modèle et faire mieux, spécialement en fait d'engrenages et de poulies, tel est le problème posé et résolu par M. de Louvrié. Il lui suffit d'un trousseau modifié, qu'il appelle avec raison *trousseau diviseur*, et d'une petite boîte qui représente l'intervalle et la face théorique de deux dents consécutives, avec ou sans nervure, pour mouler toute espèce d'engrenages, sans avoir besoin ni de les tourner, ni de les retailler ultérieurement. Ce système réunit toutes les conditions d'économie, de précision, de vitesse et de simplicité. Le trousseau, monté sur un axe vertical cylindrique, muni d'une spirale hélicoïde, tournant sur deux pointes d'acier, imprime la forme générale de la roue, et le diviseur, dont les détails ont besoin d'être étudiés sur la machine elle-même, trace mathématiquement les divisions des dents de la roue ; on y pose ensuite chacun des moules tirés de la petite boîte, et on les fixe avec une pointe. Nous n'entrerons pas dans les détails d'exécution des poulies, pour ne pas donner trop de développements à ce compte-rendu. M. de Louvrié exposera : 1°. son trousseau diviseur, 2°. une pièce de fonte avec des complications d'engrenages et de poulies, dont les difficultés ont été parfaitement surmontées.

SYSTÈME D'ÉPURATION DE LA TOURBE ET DE SA CONVERSION EN COKE.

Frappé des inconvénients de la tourbe à l'état naturel, M. Challeton, chimiste, a cherché à l'épurer et à la condenser. Sans la comprimer, il augmente sa richesse en carbone, lui donne la dureté du jais. Il en fait un coke dont le pouvoir calorifique est égal à celui de la houille, et utilise les produits de la distillation, tels que goudrons, huiles, ammoniaque, brai, gaz hydrogène carboné, etc. Il gradue l'épuration et la condensation de la tourbe, suivant l'usage auquel on la destine, et fabrique trois qualités de coke : la première, pour les hauts fourneaux, fonderies, usines métallurgiques; la seconde, pour les corps de métiers qui travaillent le zinc, le plomb, l'étain, etc.; la troisième, pour les usages domestiques. Plusieurs essais de ses fourneaux, de sa tourbe et de son coke tentés à Bourdon et ailleurs, ont réussi.

M. Challeton a dressé un tableau avec les dessins des divers appareils qu'il a inventés, et qui attirera l'attention des industriels au palais de l'Exposition; il accompagne cet envoi de quelques échantillons de tourbe, dans les divers états qu'il lui a fait subir.

TÊTE DE CORNUE A TUBULURE.

La tête de cornue à tubulure présentée par M. Aeschimann, directeur du gaz à Clermont, et admise par le comité, a pour but d'empêcher les nombreuses fuites de gaz qu'entraîne le mode actuel de raccordement des cornues de terre aux têtes de cornues. Le jointoyage d'après l'ancien système se fait au moyen de boulons qui affaiblissent ou endommagent les cornues, et ne permettent pas de presser suffisamment le mastic. Le modèle proposé remédie à cet inconvénient; fixé par emboîtement, il a pour premier effet de renforcer la cornue, et deux joints au mastic, l'un circulaire, l'autre plein, durs et serrés, arrêtent toute fuite de gaz. L'économie, d'après M. Aeschimann, est de 75 p. °/o.

FERS A CHEVAL.

Les fers provenant de l'atelier du sieur Cauneille, maréchal-ferrant à Bourdon, ont mérité à son auteur une médaille de 2e classe, de la part de la chambre de commerce de Clermont, dont le rapport s'exprime en ces termes :

« On y distingue: 1° un fer à cheval, qui peut être mis par la première personne venue, sans avoir recours aux maréchaux. Avec ce fer, le roulier peut très-bien, en temps de glace, aciérer les pieds de son cheval, et retirer l'aciéron quand il le juge convenable. L'aciéron à vis peut servir aussi à la classe bourgeoise; les domestiques peuvent aciérer les pieds de leurs chevaux, dans l'écurie, ôter à volonté l'aciéron, et le remplacer par un clou à tête plate, pour que la boue ne bouche pas le trou.

» 2°. Quatre fers à bouts détachés, avec lesquels on peut ferrer le pied le plus dérobé ou le plus mauvais; plus deux fers attachés ensemble au moyen d'une petite courroie, avec laquelle on peut ferrer un pied sans qu'aucun clou prenne dans la corne. Au moyen de ce fer, on peut faire faire un long trajet à une bête à cornes, dont le pied serait dans le plus mauvais état, sans qu'elle éprouve le moindre accident. »

ARMES A FEU ET OBUSIER DE SAUVETAGE.

M. Cusson-Pourcher, arquebusier à Clermont, qui a obtenu plusieurs médailles, expose trois systèmes de son invention, tous brevetés, et bien supérieurs aux systèmes encore usités :

1°. Des pistolets-carabines,

2°. Des pistolets-carabines à échappements,

3°. Un obusier de sauvetage.

Inventeur de la balle cylindro-conique, à fond creux, emboîtant la charge de poudre contenue dans la culasse, disposée en cône tronqué, M. Cusson a continué son œuvre de perfectionnement des armes à feu.

1°. Le pistolet-carabine, ainsi nommé pour la longueur et la justesse de sa portée, se recommande par la simplicité et la solidité de son mécanisme. On peut armer et faire feu d'une seule main, le ressort portant chaînette, d'une seule pièce ; le dessus du pistolet, disposé en tablette d'équerre, double la ligne du tyr. Cette arme, qui a valu à l'auteur une médaille de bronze à l'Exposition de Londres, donne, avec un pistolet de poche et avec la charge d'un demi-gramme de poudre, une portée de plus de cent mètres.

2°. Le pistolet-carabine à échappement ne se compose que de deux pièces extérieures, savoir : un anneau faisant levier, et un ressort percuttant, ce qui permet d'armer et de faire feu instantanément. La double pièce, à l'intérieur de l'anneau, fait que l'on ne peut armer qu'avec l'index, et ne faire feu qu'avec le medium porté à l'onglet. Ce système s'applique à toutes espèces d'armes, notamment aux pistolets d'arçon de la cavalerie et autres. Il ne faut ni platine ni sous-garde ; le bois n'étant creusé sur aucun point est à l'abri des fentes et des fractures. Le cavalier peut armer et faire feu de la main droite, et conduire son cheval de la main gauche. Ce système présente une économie d'achat de 50 p. °/o, des frais de réparation presque nuls et la faculté de remplacer immédiatement le ressort, par un autre de rechange. Enfin, la percussion ayant lieu en dessous, la ligne du tir est entièrement découverte. Nous ne doutons pas de l'adoption prochaine du pistolet-carabine à échappement pour la cavalerie.

3°. L'obusier de sauvetage de M. Cusson assure la projection et la direction de l'amarre, avec ou sans grapins. Il enlève sans secousse, ni contre-coup, malgré les vents contraires, le projectile cylindro-conique qui porte l'amarre, qu'il projette jusqu'à 400 mètres sans la briser. Le cordage, lové en spirale, tient peu de volume, se déroule rapidement sans embarras. Le comité signale à l'attention du Gouvernement, ces divers systèmes, tous simples, économiques, ingénieux, qui sont destinés à rendre de grands services à la guerre et à la marine.

BITUMES.

M. Ledru, architecte, exploite à Dallet, à Lempdes, à Lussat, au Pont-du-Château, à Chamalières, des gisements de calcaires, de grès et de psammites bitumineux, dont on peut apprécier la nature et les avantages dans les échantillons que vous avez admis. Ces substances minérales servent 1°. à la fabrication des mastics bitumineux pour trottoirs, terrasses, chappes de pont, travaux hydrauliques, etc.; 2°. à la construction des chaussées. L'usine de Bourdon, le chemin de fer du Centre, le Grand Central, la ville de Paris, etc., emploient ces mastics avec succès. Quant aux chaussées, des essais remarquables, dont les ingénieurs des ponts et chaussées ont rendu compte, ont été tentés à Clermont, à Nevers, à Orléans, sur le pont de St-Germain. Ces macadams sont bien supérieurs à ceux essayés à Paris, ainsi que le prouvent deux spécimens qui ne se sont point altérés depuis quatre ans, sur la route n° 9, l'un à la barrière d'Issoire, l'autre devant la grille du jardin des plantes. Ils n'engendrent ni boue, ni poussière, et offrent une grande résistance.

M. Ledru, pour ces macadams bitumineux, opère à chaud, ou à froid avec addition d'huile. Pour éviter l'embarras sur les voies publiques durant la pose, cet architecte a composé des dalles portatives qu'il place sur une couche de sable, et qui sont rejointoyées avec de l'huile fortement chargée de bitume. Divers échantillons de ces dalles, brevetées en 1850, seront exposés. Ce procédé tend de plus en plus à se répandre; en 1853, son auteur a macadamisé 10,000 mètres carrés, en 1854, plus de 20,000. Le sol de notre pays, où l'action d'un feu central éteint est partout sensible, recèle la matière première en quantités inépuisables; le temps a justifié l'excellence du système de M. Ledru, et le comité appelle sur ces faits l'attention et la sollicitude de M. le ministre des travaux publics.

SUIFS ET HUILES ANIMALES.

M. Amenc (Léon), qui fabrique à Clermont des suifs, des graisses, des huiles animales, expose :

1°. Un échantillon de suif ;

2°. Deux espèces de l'huile animale dite *stéaroléine*, pour graisser les machines, l'une fluide, l'autre épaisse ;

3°. De l'huile dite *archéléine*, pour l'horlogerie, l'arquebuserie, etc.

Ces produits ont été admis comme résultant de procédés inventés ou perfectionnés par ce fabricant, et comme destinés à devenir d'un usage général.

Le suif est fondu par une opération simple, économique, bien supérieure au procédé dit des *cretons*, à celui de l'acide sulfurique et aux autres. M. Amenc obtient un suif de très-belle qualité et supprime ces émanations infectes, ces manutentions repoussantes.

Quant à la stéaroléine fluide, c'est une huile non siccative, d'une composition chimique neutre, très-propre au graissage des machines et de la coutellerie.

La stéaroléine épaisse convient surtout pour le graissage des cuirs, et remplace l'huile de pied de bœuf.

M. Amenc livre environ 120,000 kil. de stéaroléine au commerce par an.

La fabrication de l'archéléine pour l'horlogerie est aussi très-simple; elle est récente et n'a pas encore pris de grandes proportions.

MARBRES ARTIFICIELS.

M. Jabert a créé cette industrie, nouvelle à Clermont, par un procédé dont il est l'auteur. Les marbres artificiels sont très-beaux, ne présentent pas de différences appréciables avec les marbres naturels, sont moins chers et paraissent ne pas redouter l'action du temps. Ses tables, ses plaques et ses colonnes seront remarquées à Paris.

POTERIES ET GRÈS ÉMAILLÉ DE BILLOM.

MM. Rieder et Chambige continuent à exploiter, près de Billom, cette belle argile dite *kaolin rose*, dont les propriétés avaient été reconnues par M. Lecoq, et c'est de leur fabrique que proviennent ces jolis vases étrusques, ces poteries artistiques émaillées, ces imitations de fruits, de légumes, d'animaux, ces alcarazas, tous ces ornements de table et de salon. Ces fabricants viennent d'enrichir leur industrie d'une nouvelle substance, à laquelle ils donnent le nom de *marbre cuit ou marbre siliceux de Billom*. C'est un grès durci au feu, émaillé, qui se taille, se scie, se tourne, se sculpte facilement, se prête à l'application de toutes les couleurs. Il a, sur les laves de Volvic émaillées, l'avantage d'une moindre porosité et d'un moindre prix. On en fait des tables, des cheminées, des carrelages, etc.

PAPETERIE DE SAINT-VINCENT.

Cette usine, dont l'origine remonte à 1825, n'a été remise en activité qu'en 1853; elle occupe, à Blanzat, 85 ouvriers, et a créé, dans la dernière campagne, une valeur de 200,000 fr. Les spécimens de papier qu'exposent MM. Jarry et compagnie sont remarquables par leur force et leur beauté; ils se prêtent aux usages les plus variés, sont recherchés pour la gravure, la lithographie, les vignettes, les registres, les tentures, etc. Les produits de Saint-Vincent peuvent être mis en parallèle avec ceux des premières manufactures de France.

PIANOS, ÉBÉNISTERIE.

Deux pianos, l'un de M. Verani, l'autre de M. Bonnenfant, tous deux fabricants à Clermont, paraîtront à l'Exposition; la qualité des sons, le travail du bois et le bas prix les recommandent au commerce. Cette fabrication expédie dans le midi de la France spécialement. M. Verani, qui a fondé son établissement en 1838, occupe 14 ouvriers, et son chiffre d'affaires s'élève à 30,000 fr.

Le meuble-secrétaire de M. Lhéritier, ébéniste, se distingue par l'élégance de la forme et par le système ingénieux d'un mécanisme qui, à l'aide d'une seule serrure, suivant le nombre des tours de la clef, met successivement en jeu les ressorts de chaque tiroir.

CUIR A RASOIR.

Le cuir de M. Valadier, parfumeur, à qui la Chambre de commerce a récemment décerné une médaille, est une invention utile. L'idée est simple et n'en a pas moins de mérite. Aux cuirs plats, M. Valadier a substitué le cylindre, qui, dans tout le parcours du rasoir, ne laisse échapper aucune partie du tranchant à l'action du repassage. Le cylindre Valadier est composé de deux parties, toutes deux enduites d'une composition zéolitique, l'une en cuir, qui sert habituellement, l'autre en bois, qui s'emploie quand le rasoir ne coupe plus.

INCRUSTATIONS, PÉTRIFICATIONS, LITHOPHANIE ET LITHOPLASTIE NATURELLES.

Cette industrie, à peu près unique en France, offre un intérêt tout particulier; elle est le résultat des dépôts des eaux minérales, savamment dirigées, qui sourdent de toutes parts de notre sol volcanique. Pendant longtemps, la célèbre source de Saint-Alyre jouit seule du privilége d'attirer les étrangers et de les étonner par ses incrustations, dont les eaux faisaient tous les frais, et où l'art ne jouait aucun rôle. Tout a bien changé depuis quelques années. Non-seulement Saint-Alyre, mais Saint-Nectaire et Gimeaux rivalisent avec les plus belles incrustations de l'Italie. Cette industrie prend chaque jour plus d'extension, en même temps qu'elle s'inspire à l'école du bon goût. Vingt sources sont aujourd'hui exploitées à Saint-Nectaire, où se distinguent M. Percepied et M. Chéron, et un établissement considérable s'élève à Gimeaux, sous la direction de MM. Serre, Laussedat et Allègre, associés.

Jusqu'en 1854, Saint-Nectaire ne faisait que des empreintes de médailles et de sujets ordinaires. M. Percepied vient d'y créer la lithophanie naturelle, dite française. MM. Chéron marchent sur les traces de M. Percepied. Une manutention nouvelle et la ténuité du dépôt donnent aux objets une transparence très-pure, permettent la reproduction des formes les plus délicates et des teintes les plus chaudes, de manière à rappeler les beaux camées antiques, dont ils ont la dureté.

A Gimeaux, MM. Serre, Laussedat et Allègre exécutent de très-beaux bas-reliefs lithoplastiques, d'une blancheur éblouissante, d'une nature saccharoïde, qui a le poli de la glace et de l'ivoire, et où la loupe reconnaît la forme cristallographique de l'aragonite.

Les procédés de Saint-Nectaire et de Gimeaux diffèrent dans quelques détails. A Saint-Nectaire, on rassemble l'eau minérale dans un réservoir, à l'abri de tout mélange des eaux douces et pluviales, et on la conduit, le long de canaux, à des distances indiquées par l'expérience. Dans ce parcours, le liquide s'épure, abandonne les matières les plus grossières, les sels de fer et de magnésie, et l'art consiste à savoir ménager l'épuration de manière à parvenir aux teintes que l'on recherche. Recueillies dans des grottes à la sortie des canaux, les eaux, purifiées au degré nécessaire, tombent en éclats sur des moules disposés à cet effet pendant le temps nécessaire. Quand l'épaisseur du dépôt est reconnue suffisante, l'empreinte est retirée de dessous les eaux et séparée du moule, qui est en soufre, en gutta-percha ou autre substance.

Les sociétaires de Gimeaux disposent d'une source puissante, et façonnent des objets de toutes les dimensions, propres notamment à l'ornementation des églises. Pour éviter le refroidissement des eaux et conserver la pureté du dépôt, ils ont substitué aux chenaux en bois un aqueduc en maçonnerie de 400 mètres de long, sur 2 mètres d'ouverture. Cette lithoplastie naturelle, faite sur une grande échelle, permettra la reproduction de tous les chefs-d'œuvre de la sculpture et de la plastique. La société a fait sculpter et ciseler des modèles nouveaux, dont une quinzaine d'échantillons seront exposés.

Les vitrines de M. Percepied, de M. Chéron et de MM. Serre, Laussedat et Allègre figureront certainement au nombre de celles qui auront le privilége d'attirer la foule et de faire naître le désir de visiter cette province, où l'art manie avec tant de grâce et de succès les éléments des volcans.

LACTUCARIUM ET OPIUM INDIGÈNE.

Notre Comité s'est empressé d'admettre des spécimens de deux produits bien différents des précédents et tirés aussi de notre sol par les soins de M. Aubergier, le lactucarium et l'opium indigène, qui récemment ont excité tout l'intérêt de l'Académie de médecine. Depuis plusieurs années, M. Aubergier cultive en grand, près de Clermont, la laitue dite *lactuca altissima*, pour en récolter le suc qui, par l'évaporation, fournit le lactucarium adopté par la thérapeutique.

M. Aubergier s'est mis ensuite à cultiver en grand le pavot, et, après avoir passé en revue les différentes variétés du pavot somnifère, il a constaté :

1°. Que la variété pourpre donnait le rendement le plus considérable en graine et en opium ;

2°. Que cet opium indigène peut soutenir avec avantage la comparaison avec les bons opiums exotiques.

Tous ces résultats, reconnus par l'Académie de médecine à la suite d'un rapport spécial, qui ont valu à l'auteur les éloges de cette société savante et un prix de 2,000 fr. de la part de la Société d'encouragement, sont d'autant plus précieux que M. Aubergier, en tendant à affranchir la France d'un tribut vis-à-vis de l'étranger, a introduit dans notre Limagne une utile et intéressante culture.

CONSERVES ALIMENTAIRES.

M. Lamy s'est adonné à l'étude des moyens propres à conserver indéfiniment les substances alimentaires. Ses efforts paraissent avoir été couronnés de succès. Il est parvenu à soustraire toutes les substances organiques à l'action délétère de l'air, ainsi que le montrent les fruits, les légumes et les viandes conservés qu'il expose.

CAFÉS DE GLAND ET DE CHATAIGNE.

MM. Lecoq et Bargoin font récolter le gland du

chêne vert du midi, de préférence à tout autre, et lui font subir une germination dans la terre humide. Ce fruit est ensuite séché, torréfié lentement et moulu avec quelques ingrédients, principes de cet arome, que la consommation recherche et qui distinguent les produits de ces fabricants. Cette industrie, qui date de vingt ans à peine, atteint aujourd'hui dans leur commerce un tonnage annuel de plus de 100,000 kilog., et la graine de Moka commence à regarder d'un œil inquiet cet humble fruit du chêne, qu'elle avait longtemps cru trop innocent pour voir en lui un rival.

La réputation du café de châtaignes n'est pas encore au niveau de celle du café de glands. MM. Lecoq et Bargoin le préparent avec les châtaignes des Cévennes et du Velay.

FRUITS CONFITS.

C'est une industrie toute nationale dans le Puy-de-Dôme, éminemment propre à faire ressortir la supériorité de son sol dans tous les genres. Nos fruits l'emportent en parfum et en saveur sur ceux du midi, qui cependant mûrissent aux rayons d'un soleil plus chaud, et ces qualités, qui tiennent à des causes inconnues, sans doute à des influences volcaniques, rendent inimitables les produits qui en résultent. On a reconnu que les abricotiers qui croissent sur les wackes et les basaltes donnent des fruits bien supérieurs à ceux qui, à peu de distance, plongent leurs racines dans le terrain calcaire. La fabrication des fruits confits a pris, depuis une dizaine d'années, à Clermont et sur d'autres points du département, une telle extension, que cette industrie, qui n'était autrefois qu'un accessoire de l'art du confiseur, est devenue une spécialité féconde. Les proportions du laboratoire sont devenues trop exiguës pour cette manipulation ; il a fallu construire de vastes usines pour satisfaire aux commandes adressées de toute part, et encore la production est-elle insuffisante. Les procédés ont atteint un degré de perfection qui éloigne toute concurrence. Aux sucres bruts et de qualité inférieure qu'ils clarifiaient imparfaitement eux-mêmes, les confiseurs ont substitué les sucres raffinés les plus purs, les mieux cristallisés. Paris s'était d'abord emparé du monopole de la vente à l'étranger des fruits confits d'Auvergne ; on y remaniait la forme, on y donnait le fini, le coup d'œil exigé par la mode. Notre fabrication ne laissant plus rien à désirer sous aucun rapport, alimente aujourd'hui directement, sans intermédiaire, l'Angleterre, la Belgique, l'Allemagne, l'Amérique. Ce commerce s'élève environ à deux millions de francs par an, et les quantités fabriquées sont toujours enlevées avant la récolte nouvelle.

Les vitrines de deux des premières maisons du département, dirigées l'une par M. Gaillard, l'autre par MM. Frelut et Leyrit, contiennent des assortiments de toutes les variétés de fruits confits, dont la matière première est récoltée dans le pays; le chinois, le cédrat et le poncyre seuls viennent de l'étranger à l'état naturel. L'aspect séduisant de ces vitrines, que Paris ne pourra surpasser, contribuera puissamment à étendre la réputation de notre province.

Voici la nomenclature des diverses espèces exposées :

1°. Abricots au sirop (fruits entiers) ;

2°. *Id.* candis glacés ;

3°. *Id.* oreilles (moitié d'abricots) ;
4°. Pâtes d'abricots ;
5°. Marmelade surfine d'abricots ;
6°. *Id.* mi-fine *id.*
7°. *Id.* commune *id.*
8°. Cerises demi-sucre ;
9°. *Id.* liquides ;
10°. Pâte de coings ;
11°. Prunes au sirop, glacées ou candi ;
12°. Angélique ;
13°. Noix ;
14°. Poires ;
15°. Pêches ;
16°. Cédrats ;
17°. Poncyres ;
18°. Chinois.

Le renom de la pâte d'abricots est depuis longtemps établi ; il suffit de voir, en été, les abricotiers de nos jardins, pliant sous le poids des fruits, pour se convaincre que ce sont bien eux qui fournissent la matière première de cet article, et que la fraude n'a point d'intérêt à recourir à des substances moins estimées. Les marmelades communes sont achetées par les lycées, les hôpitaux et autres établissements publics ; le parfum des fruits est le même, la qualité du sucre fait seule la différence.

La pâte de coings est presque aussi recherchée que celle d'abricots ; sa production dépend de la récolte d'un fruit qui craint les gelées du printemps.

Les confitures de cerises sont enlevées au fur et à mesure de la fabrication, qui donne la préférence à l'espèce dite grosse cerise, aigre-douce, à courte queue.

L'angélique est cultivée par nos maraîchers.

Le chinois ou orange de Chine est devenu une branche de commerce importante. Importé d'Italie par Marseille, dans des barriques d'eau salée, il est réexpédié confit glacé.

PATES ALIMENTAIRES.

Les pâtes occupent aujourd'hui une grande place dans l'alimentation ; elles y pénètrent chaque jour davantage, et la consommation de ces substances est destinée à progresser d'une manière aussi rapide que celle du sucre. Jusqu'à ces derniers temps, l'Italie avait joui du monopole de ce commerce, qui d'ailleurs était restreint comme la consommation. Une révolution industrielle s'est opérée depuis vingt-cinq ans. L'importation des pâtes de Gênes et de Naples s'est arrêtée devant la concurrence insurmontable des pâtes françaises, ou, pour parler avec plus de vérité, des pâtes d'Auvergne.

Essayée à Clermont en 1819, cette industrie date l'ère de ses progrès et de son développement de l'époque où M. Magnin y a consacré ses soins et son intelligence, et il peut en être considéré comme le créateur. Maintenant, sur un rayon de 40 kilomètres autour de Clermont, 100 fabricants de semoule et 70 moulins mettent en œuvre la quantité énorme de 400,000 hectolitres de froment indigène, équivalant à 30,000 tonnes, qui représentent 16 à 17,000 tonnes de semoule ; le reste comprend les farines basses, le son et le déchet. Le progrès est constant ; le rendement en semoule, d'abord de 30 p. 0|0, est arrivé à 58 ou 60 p. 0|0, résultat dû aux perfectionnements de la manutention et au choix des essences de blé. Quant à la valeur commerciale créée chaque année, elle est variable comme le cours des céréales. Aucun département n'est au niveau du Puy-de-Dôme sous ce rapport. Cette supériorité tient à la fertilité de son sol, à une nature exceptionnelle de ses blés, à une manutention habile, à la qualité de ses eaux, au bas prix de la main d'œuvre. A Paris, à Lyon, loin des grands foyers agricoles, il n'y aura jamais avantage à fabriquer les pâtes, puisqu'on y est en dehors des conditions d'économie, et qu'on n'y a pas la matière première sous la main.

« Parmi les variétés de blé les mieux appropriées au sol de la Limagne, tant pour le rendement que pour la prospérité et le succès de la végétation, le froment rouge, dit M. Dumay dans son rapport, fait en 1851 à la Société d'agriculture, tient le premier rang comme le plus productif, moins sujet à verser, plus riche en principes nutritifs et partant plus alimentaire. Par des circonstances non encore définies, mais qui, d'après l'opinion la plus généralement accréditée, se rapportent au climat, aux courants atmosphériques et à la nature volcanique du sol, ce blé, dans un grand nombre de localités de notre contrée, arrive à maturité à l'état glacé. A cet état, la farine qui en provient le rend, par son défaut de blancheur, impropre à faire du pain blanc.... Il est, par sa nature, dur, rustique, revêche et très-coriace.... Mais sous cette apparence, nos blés rouges glacés recèlent en eux des qualités précieuses, inestimables, qui leur sont propres, qui n'appartiennent qu'à eux, qui en font un blé prédestiné pour la fabrication des pâtes, supérieur à tous autres dans cet emploi, qui font préférer ses produits aux meilleurs et aux plus beaux produits de l'Italie. »

Nous ajouterons qu'un choix de semences des plus belles qualités de froment dur a été importé de Russie, d'Afrique, de Portugal et d'Espagne, et l'expérience a constaté qu'au bout de quelques années ces espèces s'améliorent et s'enrichissent encore en gluten dans la Limagne, au point que l'hectolitre peut y atteindre un poids de 89 kil. Les blés des pays méridionaux, brûlés par un soleil trop ardent, ont l'inconvénient de se raccornir et de donner plus de son ; tandis que les nôtres, mûris à une température plus douce, dans un sol plus riche, rendent moins de son, moins d'amidon, mais beaucoup plus de mucilage et de gluten. M. Magnin, après avoir eu le mérite de reconnaître les qualités du froment rouge glacé, ainsi que celui de naturaliser en Auvergne les semences étrangères les plus renommées, a eu de grands obstacles à vaincre pour apprendre à dompter la résistance de ce grain. Il a su donner à la pâte une grande finesse, cette nuance blonde qui rappelle celle du blé dont elle provient; il a su lui conserver cet arome naturel qui la distingue, en opérant un mélange intime et homogène du gluten, de l'amidon, de la matière gommo-sucrée, de l'albumine et de tous les éléments constitutifs du froment rouge glacé de la Limagne. La qualité de l'eau n'est pas indifférente pour la qualité des pâtes; l'eau pure des sources qui ont filtré à travers les pouzzolanes est bien supérieure à celle des terrains calcaires ou argileux, et là encore se rencontre, pour notre pays, une cause de réussite.

« La France, rapportait au jury central, à son retour de l'Exposition de Londres, M. Louis Leclerc, l'un de ses membres, la France triomphe sur toute la ligne des macaronis et des vermicelles. C'est à peine si j'ose parler des essais qu'exposent Erfurt, le Portugal, Londres, c'est l'enfance de l'art, c'est farineux, c'est gris, ce doit être fort mauvais. De l'Italie, le rapporteur ne mentionne que quelques vitrines disposées avec goût; le reste, ajoute-t-il, est faible et négligé, une teinte grise et terreuse, des stries, des parties grippées, éraillées. Passant aux pâtes françaises, il proclame leur supériorité et accorde le premier rang à M. Magnin, qui, dit-il, a mis nos pâtes dans la plus belle position qu'elles occupent aujourd'hui. »

« L'Auvergne, déclare M. Charles Dupin dans son rapport à l'institut sur les récompenses de l'Exposition de Londres, l'Auvergne avec sa fabrique de Clermont et les beaux blés de sa Limagne, a complétement remplacé les Deux-Siciles, aux jugements réunis des Apicius et des Lucullus. Aussi, la distinction la plus élevée que pût obtenir cette nature de produits, a été décernée à M. Magnin, de Clermont-Ferrand. »

Nous avons évalué à 400,000 hectolitres la quantité de blé de la Limagne, élaborée annuellement dans notre département pour la confection des pâtes. Ce chiffre considérable s'explique aisément. Les fabricants de Paris, de Lyon, et de beaucoup d'autres villes de France, tirent leurs semoules de Clermont; leur manutention se borne à imprimer les formes diverses réclamées par la consommation, et le public ignore cette origine. Le Puy-de-Dôme comprend l'avantage qu'il aurait à recueillir, en opérant lui-même, la conversion de toute la semoule en vermicelle, macaroni, etc., conversion qui ne s'y fait encore que sur une petite échelle, mais dans un avenir peu éloigné, la fabrication sera complète et générale. Elle est ralentie en ce moment par le cours élevé des céréales, et la marque de fabrique devrait être rendue obligatoire, pour empêcher la fraude qui se pratique avec la fécule de pomme de terre, employée par la concurrence dans les pays privés des avantages que nous donnent la matière première et nos conditions économiques.

M. Magnin a reçu dix médailles aux Expositions générales françaises, la médaille d'or de notre société d'agriculture, et une médaille de prix à l'Exposition universelle de Londres.

Sa vitrine contient :

1°. De nombreuses variétés de pâtes, sous toutes les formes, semoules, vermicelles, macaronis, étoiles, noudles, pâtes azotées, analeptiques, au safran;

2°. Des farines de légumes cuits, de pois, petits pois, lentilles, fèves, haricots, farines de châtaignes cuites, farines de riz, gluten;

3°. Des flacons de froment rouge glacé d'Auvergne, en regard avec des flacons de blé de Tangaroth, de Marionopoli, d'Espagne, d'Afrique, des blés en épis, des blés torréfiés.

L'examen de ces flacons met à même de comparer ces espèces diverses de grains, et montre comment notre sol s'assimile les semences étrangères, en augmentant leur pouvoir nutritif.

Messieurs,

Notre tâche est terminée; nous avons pensé devoir, tout en faisant ressortir le mérite des objets que vous avez admis, donner un aperçu de l'importance et de la variété de l'industrie dans le Puy-de-Dôme. Un grand nombre de fabricants n'ayant pas répondu à l'appel qui leur a été adressé, cet aperçu était devenu indispensable pour éviter le reproche de pénurie ou d'impuissance. Il est peu de contrées cependant qui puissent alimenter le commerce d'autant de produits agricoles et industriels, et donnent lieu à un tonnage de marchandises aussi élevé. Ces produits sont presque tous de grand encombrement, ce qui est une garantie de succès pour nos chemins de fer, une source de fret considérable pour notre marine marchande. Le bassin de la Limagne est un des greniers de la France, et la région des montagnes, entre Tauves et Montaigut surtout, est un sol encore vierge, qui recèle des gisements de houille, de fer, de cuivre, de galène, etc., qui ne demande que des voies de communication pour livrer ses richesses aux mains qui l'exploiteront.

Un dernier fait reste à signaler pour caractériser la situation de notre pays. Sur cette terre d'une fertilité inépuisable, l'ouvrier manifeste une habileté rare dans les travaux industriels les plus variés; la France et les deux mondes se disputent ses articles, mais en cachant avec soin leur origine. Paris, Lyon consomment les semoules d'Auvergne sous le nom de pâtes d'Italie, les fruits confits de la Limagne, comme fruits du Midi ; la coutellerie de Thiers est souvent obligée d'emprunter la marque anglaise, les dentelles d'Arlanc passent avec l'étiquette de Chantilly. L'apostrophe du prince des poètes latins ne pourrait recevoir une application plus juste. Une réputation singulière de laideur, de misère et de rusticité a longtemps pesé sur notre province, à laquelle les rois mérovingiens rendaient plus de justice que le dix-neuvième siècle, et qui n'a d'autre tort que celui de n'avoir été le théâtre d'aucune catastrophe historique, de n'être arrosée ni par la Seine, ni par aucun de ces fleuves favoris des Muses. Mais le nuage commence à se dissiper devant la lumière de l'évidence, et le jour n'est pas éloigné où des trains de plaisir amèneront des convois de touristes, étonnés de rencontrer au centre de la France des sites plus beaux et plus riches que dans les régions lointaines, un sol qui se prête à toutes les cultures, des montagnes dominées par des tours féodales, des volcans avec leurs puys, leurs laves et leurs cratères, des eaux minérales qui jettent elles-mêmes leurs ponts d'une rive à l'autre, et reproduisent des camées, des statues, des bas-reliefs.

Telle est cette contrée encore si peu connue, qui offre tant de ressources au commerce et aux arts, qu'habite une race d'hommes robustes, laborieux, intelligents, maniant avec une égale facilité les armes, la bêche, ou l'outil de l'industrie. Deux qualités éminentes distinguent cette race, l'amour du travail et l'amour de son pays. Quand il est appelé sous les drapeaux, c'est en chantant que le conscrit rejoint son régiment et marche au combat; mais quand il a payé sa dette à la France, il revient comme cultivateur ou artisan dans sa chère Auvergne. A ces traits on reconnaît l'antique et célèbre nation des Arvernes, dont les descendants n'ont point dégénéré. C'est un de ces peuples toujours jeunes, patient, infatigable, qu'aucun obstacle n'arrête, qui, dans ses moments d'enthousiasme, entraîne l'humanité, en s'écriant : *Dieu le veut !* un de ces peuples enfin à qui appartient l'avenir, parce qu'il retrempe sans cesse sa vigueur et sa moralité dans le travail, source intarissable de progrès.

Clermont, imprimerie de Thibaud-Landriot frères.

www.ingramcontent.com/pod-product-compliance
Ingram Content Group UK Ltd.
Pitfield, Milton Keynes, MK11 3LW, UK
UKHW022129170726
13837UKWH00003B/1455

9 782019 986025